L'ENLÈVEMENT DES SABINES,

BALLET-PANTOMIME HISTORIQUE EN TROIS ACTES,

Représenté, pour la première fois, à Fontainebleau devant LEURS MAJESTÉS IMPÉRIALES ET ROYALES, le 4 Novembre 1810; et, sur le Théâtre de l'Académie Impériale de Musique, au mois de Juin 1811.

Par L.-J. MILON, second Maître de Ballets de l'Académie Impériale de Musique;
Musique de M. H. BERTON.

A PARIS, *et se vend*
Au Magasin de la rue Neuve St.-Marc, N°. 10, au coin de la place des Italiens.

DE L'IMPRIMERIE DE DONDEY-DUPRÉ.

1811.

A M. LE COMTE DE REMUSAT,

Premier Chambellan de S. M. Impériale et Royale.

Monsieur le Comte,

La bonté avec laquelle vous avez bien voulu m'encourager dans la composition de ce Ballet, me fait augurer favorablement de l'indulgence du Public pour cette nouvelle production. C'est dans cet espoir que j'ai cru devoir vous prier de me permettre de placer ici votre nom, comme un tribut que vous doit ma respectueuse reconnoissance.

L.-J. Milon.

PERSONNAGES. ACTEURS.

ROMAINS.

	MM.
ROMULUS, Roi des Romains..	MILON.
TRIBUNUS, Chef des Célères.	VESTRIS.
LE GRAND PONTIFE.......	LHUILIER.

OFFICIERS CÉLÈRES.

MM. BRANCHU, MÉRANTE, ANATOLE, ELI.

CÉLÈRES.

MM. Petit, Maze, Suriot, Déjazet, Bance, Verneuil, Rivière, Guillet, Pupet, Beauglin, Lenfant, Boudet, Romain, Pouillet, Chatillon.

HABITANS DE LA CAMPAGNE.

M. BEAULIEU.

MM. Toussaint cadet, Lachouque.

MM. Eve, Auguste, Michel, Gogot, Beautin, Péqueux, Fauchet, Josse, Védi, Dupuis.

SABINS.

	MM.
TATIUS, Roi des Sabins.....	GOYON.
UN GRAND-OFFICIER..........	ALBERT.
UN ENVOYÉ DES SABINS.......	GODEFROI.
OFFICIERS de la Suite..........	LEBLOND. PAUL.

SABINES.

HERSILIE, Fille de Tatius.. Mlle. Clotilde.
DÉMODICE, Compagne d'Hersilie.................... Mlle. Chevigny.
TULLIE, Compagne d'Hersilie. Mlle. Bigottini.
SILVIA, Compagne d'Hersilie.. Mlle. Launer.

Mlles. Aldebeld, Naderkor, Bertin, Delphine, Potdevin, Déjazet, Proche, Julie, Césarine, Gosselin, Pivert, Virginie.

MÈRES OU PARENTES DES JEUNES FILLES.
Mlles. Lily, Ferette, Darmancour.

CÉNINIENS.

MM.

ACRON, Roi des Céniniens... Godefroi.
SPURIUS, Grand-Officier, père de Clélie................. Justin.
Officiers de la Suite......... { Courtois. Suriot aîné.

CÉNINIENNES.

CLÉLIE, Fille de Spurius.... Mme. Gardel.
NÉVIA, Compagne de Clélie.. Mlle. Fanny.
LUCIE, Compagne de Clélie... Mlle. Marèlier, cadette.

Mlles. Angéline, Fligère, Aimée, Marianne, Eulalie, Blanche, Narcisse, Coulon, Bodson, Copère, Nanine, Matras.

MÈRES OU PARENTES DES JEUNES FILLES.
Mlles. Jacotot, Laurence, St.-Léger.

ROMAINS.

JEUNES PRÊTRES.

MM. Péqueux, Dupuis, Josse, Védi, Amiel, Télémaque.

Mlles. Mangin, Molard, Aubry, Lemière, Brocard, Olier, Gosselin, Betzi, Pierret.

JEUNES SABINS.

M. ANTONIN, Mlle. RIVIÈRE.

Prêtres.
Sénateurs.
Hèraults d'armes.
Licteurs.
Soldats Romains.
Soldats Sabins.
Soldats Céniniens.

La Scène se passe dans la ville de Rome.

L'ENLÈVEMENT DES SABINES.

ACTE PREMIER.

Le Théâtre représente une Place de Rome ; dans le fond, sur la gauche, est le Temple de Junon conservatrice, dont l'entrée paroît sur un péristyle très-élevé ; vis-à-vis, du côté opposé, est une Chapelle au Dieu des Conseils. A l'extérieur des murs de la ville qui ferment le fond du Théâtre, s'élève le Mont-Aventin sur lequel est la route par où doivent arriver les différens Peuples que Romulus a fait inviter à ses Jeux. Des deux côtés de la Place, sont des gradins ornés de tapis ; à l'un de ces côtés, l'on voit le Trône de Romulus.

SCÈNE PREMIÈRE.

Les Légions Romaines sont rassemblées dans la place publique, leurs armes sont en faisceaux, et les Soldats se promènent sans ordre en attendant l'arrivée de Romulus. D'un côté l'on voit de jeunes Guerriers s'exercer à l'art militaire ; plus loin d'autres s'exercent à la course. Bientôt un Officier vient donner l'ordre de prendre les armes : tous les Soldats courent à leur poste ; aussitôt l'immobilité et le silence règnent dans tous les rangs.

SCENE II.

Romulus arrive accompagné de ses Célères, il les complimente sur la bravoure qu'ils ont montrée en différens combats, et il présente, aux chefs de chaque cohorte, des couronnes de laurier pour orner leurs enseignes ; ce qui s'exécute au bruit d'une musique guerrière.

Les Célères, avec soumission et respect, témoignent à Romulus leur reconnoissance ; mais ils se sentent pénétrés d'un plus doux sentiment, et la tendresse parle à leur cœur ; ils lui expriment, par leurs gestes, les regrets qu'ils ressentent de ne pouvoir partager leur joie avec une tendre épouse, n'ayant point de femmes parmi eux.

Romulus les calme, et leur fait entendre qu'il a prévu leur sollicitude en invitant les Peuples ses voisins à venir assister, avec leurs familles, à la brillante Fête qu'il a disposée en l'honneur du Dieu Consus, et dans laquelle il a l'intention d'engager les étrangers à contracter des alliances avec les Romains.

Cette heureuse nouvelle remplit de joie et d'alégresse les cœurs des Célères et des Soldats.

SCÈNE III.

En ce moment on voit arriver sur la montagne Tribunus accompagné de Héraults d'armes qui viennent annoncer à leur Roi, l'arrivée des différens peuples qu'il a fait inviter pour assister à la fête. A l'aspect de ces peuples qui paroissent au haut de la montagne, l'alégresse redouble parmi les Célères.

Romulus, pour recevoir avec honneur ses voisins, envoie au devant d'eux plusieurs corps de guerriers précédés de musiciens.

La première nation qui paroît dans la place, est celle des Céniniens; Acron, leur Roi, est à leur tête, accompagné de ses courtisans et précédé de Tribunus que Romulus lui avoit envoyé comme Ambassadeur. Parmi les courtisans d'Acron on distingue Spurius et Clélie sa fille suivie de jeunes Céniniennes qui, toutes couronnées de fleurs et vêtues comme en un jour de fête, sont accompagnées de leurs parens. Ce cortège est précédé par des bergers des environs de Rome. Leur danse exprime la joie la plus vive.

Les Soldats de Romulus conduisant cette marche, se séparent de chaque côté du cirque, afin que les Céniniens puissent s'avancer au milieu. Romulus va au-devant du roi Acron, les deux souverains se saluent réciproquement; Acron considère avec surprise les édifices qui s'élèvent déjà dans Rome.

Romulus porte ses regards sur les Céniniennes, et témoigne à Acron son admiration pour ces jeunes beautés. Ensuite il lui fait remarquer à son tour la belle tenue de la jeunesse romaine, à la tête de laquelle est Tribunus dont les regards amoureux sont fixés sur la charmante Clélie. Romulus propose d'unir les Céniniennes avec les Célères.

Acron dédaigne cette alliance: Romulus concentre en lui-même la colère qu'à produit ce dédain, et fait conduire Acron à une des places d'honneur.

SCÈNE IV.

Les Sabins arrivent dans le même ordre que les Céniniens. Tatius, leur Roi, paroît au milieu d'eux avec sa fille Hersilie, dont Romulus est épris. Romulus leur fait le même accueil qu'aux Céniniens ; Tatius lui en témoigne sa reconnoissance. Romulus après avoir jetté des regards passionnés sur la belle Hersilie, la demande en mariage à son père.

Plein d'orgueil et de vanité, Tatius ne voulant pas y consentir, prend un prétexte honnête en lui déclarant que la main de sa fille est promise à un autre prince. Romulus, gardant le silence, dissimule son ressentiment de ce refus ; il prend la main d'Hersilie, et d'un air respectueux la conduit avec son père aux places qui leur sont destinées.

Des Prêtres viennent déposer le feu sacré devant la chapelle du Dieu Consus. Romulus, seul, s'introduit dans la chapelle, et tandis qu'il consulte le Dieu, le Grand-Prêtre brûle de l'encens et invoque les puissances célestes.

Romulus, en sortant de la chapelle, appelle auprès de lui les héraults d'armes et les chefs de cohortes ; lorsqu'il est entouré par eux, et hors des regards des peuples étrangers, il leur communique des ordres secrets, et prenant un pan de son manteau, il leur indique que ce sera le signal auquel ils exécuteront ses volontés.

Les Chefs et les Héraults vont à l'instant communiquer les ordres de Romulus à toute l'armée.

Romulus monte sur son trône et ordonne que la Fête commence.

Après les jeux et les danses des guerriers, on invite les Sabines et les Céniniennes à venir dans le cirque prendre entr'elles les plaisirs de la danse ; et dans le moment où elles sont toutes réunies, les Célères romains, divisés en différens grouppes et ayant toujours leurs regards fixés sur Romulus, attendent avec impatience le signal qu'il doit leur donner.

Tout-à-coup Romulus se tenant debout sur son trône, donne à ses guerriers le signal attendu.

Alors, au bruit d'une éclatante musique, les Célères et les Soldats romains s'élancent parmi les Sabines et les Céniniennes, et chacun d'eux enlève celle qu'il avoit d'avance distinguée, ou que le hasard lui présente.

Tribunus enlève Clélie ; Romulus, accourant dans le cirque, s'empare d'Hersilie, lorsque Tatius se précipite vers lui pour arracher sa fille des mains de son ravisseur ; mais il est arrêté et repoussé par les Soldats romains qui viennent secourir leur Roi. Dans cette entrefaite Acron suivi des siens, s'élance sur Romulus, et prêt à le percer de son épée, il est saisi et désarmé par les Romains.

Une troupe de Guerriers repoussent les étrangers et les désarment de même, pendant que Romulus et ses Célères conduisent toutes ces jeunes filles dans le Temple de Junon, où elles sont enfermées ; ce Temple est en même temps cerné et défendu par les légions romaines.

On voit alors des pères et des mères désolés se jetter aux pieds des Soldats pour implorer leur commisération et leur demander leurs filles. Les Soldats sont inéxorables et ils les repoussent inhumainement.

Tatius et Acron désarmés, exhalent ensemble leur rage impuissante contre Romulus qui, ayant fait déposer toutes les jeunes étrangères dans le sanctuaire du temple de Junon, revient accompagné de tous les Célères ; il aborde les deux Rois et cherche à justifier l'action qui vient de se passer, en annonçant qu'elle lui avoit été prescrite par les Dieux. Il invite les étrangers à céder à la volonté du ciel et à consentir à la sainte alliance que les Romains desirent ardemment de contracter avec eux. Cette proposition augmente le courroux et l'indignation que Tatius et Acron font éclater ; ils jurent tous deux de réduire en cendre la ville de Rome, et se retirent en déclarant la guerre à Romulus.

SCÈNE V.

Le Pontife et les Prêtres viennent recevoir les ordres de Romulus qui leur confie la garde des jeunes étrangères et pour lesquelles il leur recommande d'avoir les plus grands égards.

SCÈNE VI.

Romulus annonce à ses Soldats que son dessein n'est point d'attendre l'ennemi mais d'aller à sa rencontre. Toute l'armée obéit avec joie aux ordres de Romulus, et se met en marche pour aller cueillir de nouveaux lauriers.

FIN DU PREMIER ACTE.

ACTE SECOND.

Le Théâtre change et représente une Enceinte qui dépend du Temple de Junon, que l'on voit du côté opposé à celui qu'il présentoit dans la Place Publique ; à droite est un Arbre qui porte ces mots : ROMULUS ORDONNE LE MARIAGE DES SABINES AVEC LES ROMAINS. *De l'autre côté est une Statue du Dieu Faune, entourée de bosquets.*

SCÈNE PREMIÈRE.

LES Prêtres conduisent les jeunes étrangères dans le parvis du temple ; là, le Pontife essaie de calmer la désolation à laquelle toutes ces jeunes filles sont livrées; il leur conseille de se résigner et de se conformer à la volonté des Dieux. Il se retire ensuite ainsi que les autres Prêtres.

SCÈNE II.

HERSILIE paroît s'être intimement liée avec Clélie, jeune Céninienne ; toutes deux déplorent leur sort, ainsi que Démodice et Tullie qui les accompagnent. Cependant Hersilie conseille à ses compagnes de ne point s'abandonner à l'excès de la douleur, et de se joindre à elle afin de découvrir quelques issues par où elles pourroient peut-être s'échapper de leur prison et retourner vers leur patrie : toutes sont de cet avis ; elles cherchent de tous côtés ; elles considèrent la hauteur des murs qui les environnent, tandis que Démodice et Tullie aperçoivent l'arbre où est attaché l'inscription qui ordonne leur mariage avec les Romains. Toutes ces jeunes filles se rassemblent pour prendre connoissance de cette inscription ; mais elles ne peuvent songer à s'allier à leurs ravisseurs, sans frémir d'indignation ; la fière Hersilie engage ses compagnes à se joindre à elle pour faire le serment de ne point se marier sans le consentement de leurs parens : elles prennent le Dieu Faune à témoin de leur engagement ; et, après avoir prononcé leur serment, Hersilie, qui ne peut pas soutenir la vue de cette inscription, forme le projet de la détacher de l'arbre auquel elle est suspendue, et pour cela elle conduit ses compagnes dans le bois pour arracher des branches d'arbre avec lesquelles elle espère exécuter son dessein; et lorsqu'elles se mettent en devoir d'abattre l'inscription, les Prêtres et le Pontife viennent s'opposer à leur action qui seroit une insulte pour le chef des Romains.

SCÈNE III.

En ce moment Tribunus revient du combat ; il annonce la victoire de Romulus sur le Roi Acron.

Le Pontife et les Prêtres en remercient les Dieux ; mais les jeunes filles en paroissent accablées de douleurs.

Tous rentrent dans le Temple.

SCÈNE IV.

Clélie qui se retire la dernière, est arrêtée par Tribunus qui lui représente la fierté avec laquelle elle refuse ses hommages tandis, que le chef des Romains (*en montrant l'inscription*) consentiroit à couronner leurs amours. Clélie ne peut se résoudre à céder à l'ordonnance de Romulus; mais les tendres et respectueuses expressions de Tribunus parviennent enfin à émouvoir sa sensibilité. Tribunus la sollicite avec plus d'ardeur; il répand des larmes; et il ne peut vivre s'il n'obtient la pitié de celle qu'il adore.

Clélie, quoique en proie à la plus vive émotion, se dispose à se retirer; mais en voyant son amant se jetter à ses pieds et prêt à expirer de douleur, alors le trouble de son ame devient extrême; elle oublie et son serment et les conseils d'Hersilie, pour ne voir que le seul objet qui vient de toucher son cœur, et elle s'abandonne à lui. Tribunus, ivre de joie et d'amour, presse avec transport contre son sein son adorable conquête, quand tout-à coup arrive Hersilie.

SCÈNE V.

La tremblante Clélie reste consternée à l'aspect des regards d'indignation et des vifs reproches de sa compagne.

Pour calmer Hersilie, Tribunus observe que la nature et les Dieux ne peuvent qu'approuver un amour aussi pur que le sien; mais Hersilie regarde Tribunus comme un vil ravisseur, et Clélie comme une femme indigne maintenant de l'amitié qu'elle lui avoit accordée.

Cependant Clélie sollicite son pardon auprès de le fille de Tatius, dont elle redoute la haine; mais elle ne peut cacher le combat auquel le devoir et l'amour livrent son ame en se voyant obligée de renoncer à son amant. Hersilie, indignée de cette coupable irrésolution, se retire en témoignant tout son ressentiment.

Cependant le devoir et l'amitié l'emportent sur l'amour. Clélie, malgré les prières de son amant, s'empresse de rejoindre Hersilie; et Tribunus reste désespéré.

SCÈNE VI.

Le Peuple accourt de toutes parts; les légions romaines paroissent; Romulus, portant lui-même la dépouille du Roi Acron qu'il a vaincu, est précédé des sénateurs, et suivi des Célères, des prisonniers et du reste de l'armée.

Le Triomphateur, placé sur un trône, reçoit les félicitations des différentes corporations de Rome.

SCÈNE VII.

Cette cérémonie finie, arrivent les Céniniennes qui s'abandonnent à la plus vive douleur en voyant leurs parens et leurs compatriotes réduits à l'esclavage.

Clélie s'est élancée dans les bras de son père qu'elle a reconnu parmi les prisonniers; elle verse un torrent de larmes sur le sein de ce vieillard; mais elle se précipite ensuite aux pieds de Romulus pour solliciter la liberté de l'auteur de ses jours. Romulus la lui accorde à condition qu'elle épousera Tribunus. Le père de Clélie, rempli de reconnoissance et d'admiration pour la magnanimité de Romulus, s'empresse de conduire sa fille dans les bras de Tribunus.

Romulus promet aussi la liberté aux autres prisonniers Céniniens, si les Céniniennes, à l'exemple de Clélie, consentent à épouser des Romains. Les prisonniers sollicitent les Céniniennes; ils les supplient de prendre pitié de leur malheureux sort, et de satisfaire aux vœux de Romulus. Toutes ces jeunes filles, attendries par les larmes de leurs compatriotes et séduites par les protestations d'amour des Romains, cèdent afin de rendre la liberté à leurs parens.

SCÈNE VIII.

Arrivent à cet instant Démodice et d'autres Sabines; elles reculent de surprise et d'indignation en voyant les Céniniennes céder aux vœux des Romains : elles leur en font de vifs reproches.

Romulus blâme la rigueur des Sabines, et loue la conduite des Céniniennes; le Grand-Pontife vient pour seconder les vœux de Romulus; il consulte le vol des oiseaux; on voit planer dans les airs deux colombes dont le vol toujours égal désigne la tendre union qui existe entr'elles; leur apparition, expliquée par le Pontife, devient un signe certain de la protection du ciel pour les mariages. Enfin les promesses du Grand-Prêtre, celles de Romulus, l'exemple des Céniniennes, en un mot, tout se réunit pour séduire les Sabines; et de même que les Céniniennes, elles consentent à recevoir des mains de leurs prétendus la couronne et le voile nuptial dont on leur orne la tête.

Tous suivent ensuite le Pontife qui les conduit dans le sanctuaire du temple de Junon pour y célébrer la cérémonie de leur union.

FIN DU SECOND ACTE.

ACTE TROISIÈME.

Le Théâtre représente l'Intérieur du Temple de Junon ; le Sanctuaire où doit être la Statue de la Déesse est caché par une grande draperie qui sépare le Temple en deux parties. On voit du côté droit le trône de Romulus.

SCÈNE PREMIÈRE.

HERSILIE, accompagnée de plusieurs Sabines, ses plus fidelles amies, est invitée par un officier à attendre en ce lieu Romulus qui viendra bientôt pour s'entretenir avec elle. Cette entrevue est un objet d'inquiétude pour Hersilie et ses compagnes ; cependant elles se rassurent toutes en songeant au serment qu'elles ont prononcé en présence du Dieu Faune.

SCENE II.

ROMULUS arrive ; il fait éloigner les compagnes d'Hersilie : cette dernière se dispose à les suivre, mais le Roi d'un air gracieux l'invite à rester en exprimant que c'est à elle seule qu'il desire parler ; en même temps, la tendresse et l'amour se peignent dans les regards et dans les gestes de Romulus, il déclare ses sentimens, il propose le don de sa main et le partage de sa couronne. La contenance et les regards détournés de la fille de Tatius annoncent tout l'éloignement qu'elle ressent pour cette proposition. Romulus ne la comprend que trop facilement, et la douleur et le désespoir remplacent les douces espérances auxquelles il avoit livré son ame.

Hersilie, sans trop faire paroître l'indignation dont elle est agitée, exprime qu'elle a lieu d'être surprise d'une telle proposition, quand, après avoir été arrachée inhumainement des bras de son père, on lui fait encore subir le sort d'une prisonnière.

Romulus cherche vainement à la calmer, la fière Sabine ne veut rien entendre; elle demande qu'on lui rende la liberté et qu'on la reconduise à ses parens. Le Roi ne peut adhérer à cette demande, il déclare qu'elle doit obéir à la volonté des Dieux qui l'ont destinée à régner sur les Romains. Hersilie regarde cette idée comme une fausseté à laquelle elle ne peut se rendre.

Enfin Romulus, par des démonstrations sincères, lui exprime que sa couronne, sa puissance, sa valeur n'ont plus d'attraits pour lui, si Hersilie refuse de partager sa destinée, et, dans l'excès de la passion, il se précipite à ses pieds pour la convaincre de la pureté de ses sentimens. Hersilie s'empresse de le relever, et témoigne de la surprise en voyant Romulus s'oublier à un tel point. Dès-lors elle se regarde comme un objet dont la présence devient trop préjudiciable à la gloire du chef des Romains, et elle se fait un devoir de se retirer. Romulus, par son ordre, fait ouvrir la draperie qui cache le sanctuaire du temple.

SCÈNE III.

Hersilie s'arrête en voyant à l'instant toutes les Sabines, aux pieds de la Statue de Junon, unies à des Romains par les nœuds sacrés du mariage. A la vue de ce tableau, Hersilie, émue et saisie d'étonnement, témoigne son indignation.

Romulus s'approche d'elle, lui donne pour exemple la félicité dont toutes ses compagnes paroissent jouir; il la saisit par la main et l'emmène malgré elle vers l'autel; alors elle se dégage de ses bras, s'arme d'un poignard qu'elle tenoit caché dans son sein, et menace de se donner la mort s'il persiste à lui faire violence. Tout le monde est saisi de crainte et d'effroi, ainsi que Romulus qui désarme la main d'Hersilie, à l'instant où l'on vient annoncer un Ambassadeur de Tatius.

Ce nouvel incident répand une lueur d'espérance dans tous les cœurs: Romulus ordonne aux nouveaux mariés de se retirer et de se tenir prêts à reparoître au premier signal. Il ne reste sur la scène que les Sabines qui ne sont point mariées, à la tête desquelles est Hersilie.

SCÈNE IV.

Romulus, sur son trône, reçoit l'Ambassadeur qui lui propose la paix aux conditions que les Sabines seront rendues à leur patrie.

Le Roi des Romains accepte la paix : mais il prétend garder les Sabines qui sont unies aux Romains.

L'Ambassadeur ayant réitéré ses propositions, Romulus fait un signe auquel tous les Romains répondent en arrivant accompagnés de leurs épouses. Dès lors l'Ambassadeur brise la branche d'olivier, et remplace ce signe de la paix par celui de la guerre, en tirant son épée.

Romulus accepte le défi et renvoie les Sabins vers leur camp.

SCÈNE V.

La consternation s'empare des Sabines qui font éclater leur douleur en voyant leurs époux obéir aux ordres de Romulus pour se rendre au combat.

SCÈNE VI.

La désolation devient générale. Les Sabines et les Céniniennes, livrées au plus grand désespoir, implorent la Déesse Junon ; d'autres pleurent sur le sort de leurs parens et de leurs époux.

La seule Hersilie conserve son sang-froid au milieu d'elles : elle regarde avec pitié ses Compagnes et leur fait entendre que c'est par les vertus et le courage, dans l'adversité, que l'on se rend les Dieux propices. Au lieu de pleurer dans ce Temple, elle les invite à venir avec elle se précipiter entre les deux armées, afin d'engager les deux partis à poser les armes, ou de périr sous leurs coups s'il s'y refusoient. Cette proposition est acceptée à l'unaminité. Elles se réunissent toutes et suivent en foule la fille de Tatius, qui les conduit sur le champ de bataille.

SCÈNE VII.

*Le Théâtre change et représente les Remparts de Rome, vus par l'intérieur de la ville; dans le fond, sur le côté droit, est la Citadelle située sur un Mont appelé depuis le Mont-Capitolin. Du côté droit sont placées les statues d'*HERCULE, *de* CASTOR *et de* POLLUX. *Du côté gauche est une porte de ville.*

PENDANT la nuit, Tatius observe par-dessus les murailles de la ville, les dispositions des Romains; mais il se cache promptement à la vue d'un détachement de Romains qui se dirige vers la Citadelle. Lorsque ce détachement a relevé celui de la Citadelle, et que ce dernier est très-éloigné, Tatius, armé d'un arc et d'une flèche, reparoît sur la muraille, il saisit l'instant propice et décoche un trait mortel qui atteint le factionnaire romain. Alors il fait escalader la muraille par des soldats sabins qui vont s'emparer de la Citadelle et en ouvrir les portes à Tatius et à son armée.

SCÈNE VIII.

LES Sabins étant introduits ne tardent point à descendre du Mont pour se ranger en bataille. Tatius divise son armée en plusieurs corps qu'il envoie en embuscade dans différens postes, afin d'attaquer l'ennemi avant qu'il ait pu se mettre en défense. Ces dispositions terminées, les légions sabines sont entièrement cachées.

SCÈNE IX.

L'armée romaine arrive, elle se dirige vers les remparts, lorsqu'elle est tout-à-coup assaillie par les Sabins qui la forcent à la retraite; mais les Romains bientôt ralliés regagnent le terrain qu'ils ont perdu.

Romulus paroît au centre de son armée, ainsi que Tatius devant la sienne. Ces deux Chefs se regardent avec indignation, et se provoquent à un combat singulier, quand Hersilie et ses compagnes, toutes échevelées accourent et viennent se jeter à genoux entre les combattans, qui saisis d'étonnement et émus de pitié, suspendent leur fureur.

SCÈNE X ET DERNIÈRE.

Hersilie retenant le bras de Romulus, arrête le coup qui menaçoit la tête de Tatius, puis elle observe à ce dernier, que ce ne sont plus des ennemis qu'il vient combattre, mais que ce sont des amis, des frères, des filles et des femmes qu'il vient ravir à leurs époux. Toutes les Sabines supplient qu'on leur rende leurs pères et leurs frères, mais sans les priver de leurs maris. Les sentimens de l'amour conjugal, de l'amour paternel et fraternel se propagent de rang en rang dans les deux armées, les armes tombent des mains des soldats. Romulus propose à Tatius de régner avec lui sur les Romains. Tatius, pénétré de reconnoissance, se jette dans les bras de Romulus, et le presse avec une tendresse paternelle. A leur exemple, les soldats Romains et Sabins ne présentent plus qu'une armée de frères et d'amis. Pendant cet accord, les prêtres viennent déposer le feu sacré entre les deux armées, et bientôt la fumée de l'encens s'élève jusqu'au Ciel.

Romulus et Tatius jurent devant les Dieux de rester unis à jamais.

Romulus, à l'instant même, s'approche d'Hersilie, pour lui demander si elle ne sera point rebelle à ses vœux. Elle lui répond qu'avec le consentement de son père et l'approbation des Dieux, elle ressent une douce joie de pouvoir lui donner sa main. Romulus est au comble de ses desirs de se voir uni à Hersilie par les mains de Tatius. Chaque Sabine s'abandonne dans les bras de son époux, et la joie devient générale. Une fête brillante termine ce jour mémorable.

FIN DU DERNIER ACTE.

www.ingramcontent.com/pod-product-compliance
Lightning Source LLC
LaVergne TN
LVHW010014230826
846092LV00002B/807

* 9 7 8 2 3 2 9 4 1 3 2 2 8 *